Backen auf Elsässisch

Josiane und Jean-Luc SYREN
Texte und Fotos

Dormonval
CH – LUZERN

Zubereitung: sehr einfach
Zubereitung: einfach
Zubereitung: anspruchsvoll

Preiswert
Mittlere Preislage
Etwas teurer

Fotos: Jean-Luc SYREN.
Übersetzung: EURHODE Traduction.
Koordination: SAEP.
Satz und Bildbearbeitung: SAEP/Arts Graphiques.
Druck: Union Européenne.

Konzeption: SAEP CRÉATION
68040 INGERSHEIM - COLMAR

Das Elsass ist eine Region der Feinschmecker und darf stolz darauf sein, dass es hier ein unglaublich reiches Angebot an Feingebäck in den unterschiedlichsten Variationen zu entdecken gibt. Hier kann man sich keinen Empfang vorstellen, bei dem es nicht nach dem dazugehörigen Gugelhupf duftet - er und die vielen anderen Leckereien machen unsere Rezeptbücher komplett: Krapfen, zahllose Torten, Kuchen aus Hefe-, Knet- und Rührteig, Plätzchen, Feingebäck zu Weihnachten (die berühmten »bredeles«).

Die Geschenke der Natur, die Fülle an Obst, die Produktion von Schnäpsen, kombiniert mit neuen Zutaten wie Gewürzen und duftenden Essenzen, ermöglichen es, die Herstellung schmackhaften Gebäcks abwechslungsreich und mit einer persönlichen Note zu gestalten und dabei die Feste und Feiertage im Jahreslauf einzubeziehen. So gibt es traditionell zu Ostern die »lammala«, zum Nikolaustag die »mannalas«, zu Weihnachten die »bredeles« und zum Neuen Jahr die Brezeln.

Unsere Großmütter kannten noch keine Fertiggerichte. Sie haben oft instinktiv die richtigen Zutatenmengen in die Hand genommen. Dieses Können, dieses Wissen, das von der Mutter an die Tochter weitergegeben wurde, diese persönliche Zutat, die das Gebäck so zart werden lässt, diese Messerspitze eines Gewürzes, das den Geschmack so anders macht, dieser Tropfen Alkohol, der das gewisse Etwas bringt - all das gehört zu den kleinen Geheimnissen der Feinbäckerei.

Der Ruf der Elsässer Feinbäckerei beruht auf diesen Küchentraditionen, mit denen man die Gerüche, Düfte und Geschmackserlebnisse entdecken oder wiederfinden kann, von denen unsere Kindheit geprägt war.

Bleibt zu wünschen, dass die Rezepte dieser Sammlung »duftende Erinnerungen« wecken...

Karnevalskrapfen

100 g Butter / 20 cl Milch / 20 g Hefe / 600 g Mehl / 100 g Zucker / 3 Eier / eine Prise Salz.
Zum Dekorieren: *150 g Zucker / 1 Teelöffel Zimt.*

Zubereitung: 20 Min.
Backzeit: 5 Min./Frittüre
Ruhezeit: 1 Std.

Ca. 60 Stücke

Butter in lauwarmer Milch auflösen. Hefe zerbröckeln und zugeben.

Eine Mulde in das Mehl drücken. Zucker und Salz, dann die Eier zufügen. Mit einem Teil des Mehls verkneten. Milch zugeben und mit dem restlichen Mehl kneten, bis sich der Teig vom Schüsselrand löst.

Die Schüssel zudecken und an einem warmen Platz ruhen lassen, bis sich die Teigmasse verdoppelt hat.

Teig etwa 5 mm dick ausrollen. Verschiedene Formen, z. B. Vierecke oder Rauten, mit dem Messer ausschneiden und in der Mitte einen Einstich machen.

In heißem Fett auf beiden Seiten goldgelb backen. Auf Küchenpapier abfetten lassen und warm in mit Zimt vermischtem Zucker rollen.

Schenkele

125 g Zucker / 2 Eier / 1 Teelöffel zerlassene Butter / 1 Teelöffel Kirschwasser / 250 g Mehl / 60 g gemahlene Mandeln.
Zum Dekorieren: *50 g Zucker / 1/2 Teelöffel Zimt.*

Zubereitung: 30 Min.
Backzeit: 8 bis 10 Min./Frittüre

Ca. 25 Stücke

Zucker und Eier zu einer schaumigen Masse rühren.

Butter und Kirschwasser, dann Mehl und Mandeln zufügen.

Hände mit Mehl bestäuben und kleine Teigstücke zu etwa fingergroßen Stäbchen rollen.

In heißem Fett goldgelb backen.

Auf Küchenpapier abfetten lassen und warm in mit Zimt vermischtem Zucker rollen.

Brotauflauf mit Äpfeln

4 trockene Semmeln (oder 300 g Hefezopfreste) / 40 cl Milch / 3 Eier / 125 g Zucker / 1 Esslöffel Zimt / 1 Esslöffel Obstschnaps / 3 Äpfel / 50 g Rosinen (nach Belieben) / 50 g Nüsse / 20 g Butter / Butter und Mehl für die Backform.

Zubereitung: 30 Min.
Backzeit: 50 Min.

8 Pers.

Brötchen oder Hefezopfreste in kleine Stücke schneiden. Heiße Milch darüber gießen und vollsaugen lassen. Die Stückchen mit einer Gabel zu Brei zerdrücken, wenn sie richtig weich sind.

Eigelb, mit Zimt vermischten Zucker und Alkohol zufügen. Gut verrühren. Kleine geschälte Apfelstücke, Rosinen und zerkleinerte Nüsse zugeben.

Eiweiß zu Schnee schlagen und unterheben. Teigmasse in eine gut gefettete Form füllen und mit Butterflöckchen belegen.

Backzeit: 40 bis 50 Min. bei 140 °C (Th. 4-5).

Kalt oder leicht warm mit einer Englischen Creme servieren.

ENGLISCHE CREME

1/2 l Milch / 1 Vanilleschote oder Vanilleextrakt / 100 g Zucker / 1 Esslöffel Mehl / 3 Eigelb.

Milch mit Zimt aufkochen. Mit Zucker und Mehl verrühren. Eigelb zugeben und so lange mit dem Rührbesen schlagen, bis die Masse weißlich wird. Dann bei leichter Hitze unter dauerndem Rühren mit einem Kochlöffel erwärmen. Nicht kochen lassen. Wenn die Masse am Kochlöffel haften bleibt, vom Feuer nehmen und in einem Gefäß abkühlen lassen. Lauwarm oder kalt servieren.

Früchtebrot »Schnitzwecke«

Für den Belag: *125 g getrocknete Aprikosen / 125 g getrocknete Pflaumen / 250 g getrocknete Feigen / 250 g getrocknete Birnen / 200 g Nüsse / 100 g Rosinen / 1 Päck. Vanillezucker / 3 Teelöffel Zucker / 1 Teelöffel Zimt / Muskat / 1 gemahlene Nelke / 10 cl Kirschwasser.*
Teig: *10 bis 15 cl Milch / 20 g Hefe / 400 g Mehl / 50 g Zucker / 2 Eier / 100 g Butter / 1/2 Teelöffel Salz.*
Zum Bestreichen: *1 Eigelb / 1 Teelöffel Milch.*

Zubereitung: 2 Std. — 10 Pers.
Backzeit: 1 Std. – Ruhezeit: 12 Std.

Am Vortag die getrockneten Aprikosen, Pflaumen, Feigen und Birnen in Streifen schneiden.

Nüsse grob hacken und unter das Dörrobst mischen. Rosinen zugeben. Vanillezucker, Zucker und Gewürze mischen und über die Früchte streuen. Mit Kirschwasser mischen. Abdecken und eine Nacht ruhen lassen.

Teig: Milch anwärmen und die Hefe darin auflösen. Mehl sieben und eine Mulde in die Mitte drücken. Zucker, Salz, Eier und nach und nach Milch zugeben und mit etwas Mehl zum Vorteig verrühren. Zerlassene Butter zugeben, mit dem restlichen Mehl alles zu einem geschmeidigen Teig kneten. Bei Zimmertemperatur gehen lassen.

Dörrobst abtropfen lassen.

Die Teigmasse auf ca. 40 x 30 cm ausrollen, wenn sie sich verdoppelt hat. Früchte gleichmäßig darauf verteilen (rundum 3 cm frei lassen). Teig rollen, die Enden zusammendrücken und nach oben schlagen. Eigelb mit Milch verquirlen und Teig damit bestreichen. Bei 150 °C (Th. 5) 1 Std. backen.

Früchtebrötchen »Berawecka«

250 g getrocknete Birnen / 250 g getrocknete Pflaumen / 250 g getrocknete Feigen / 250 g getrocknete Aprikosen / 100 g Rosinen / 100 g Korinthen / 50 g Haselnüsse / 50 g Mandelblättchen / 100 g Nüsse / 30 bis 40 cl Kirschwasser.
Teig: *250 g Mehl / 1 Teelöffel Zimt / gemahlene Nelke / gerieb. Muskatnuss / 10 g Hefe / eine Prise Salz.*
Zum Garnieren: *Ein paar ganze Mandeln / Nüsse / 150 g Puderzucker / 1 Teelöffel Kirschwasser.*

5 oder 6 Brötchen

Zubereitung: 1 Std.
Backzeit: 35 Min.
Ruhezeit: 2 Tage + 13 Std.

Dörrobst (Birnen, Pflaumen, Feigen und Aprikosen) in feine Streifen schneiden. Rosinen und Korinthen, ganze Haselnüsse, Mandelblättchen und grob gehackte Nüsse zugeben.

Mit 30 cl Kirschwasser mischen, abdecken und 2 Tage ruhen lassen. Ab und zu verrühren. Wenn die Früchte alle Flüssigkeit aufgesogen haben, wieder Alkohol zugeben.

Am Backtag: Mehl, Gewürze, Salz und in ein bisschen Wasser aufgelöste Hefe zu einem Teig verkneten. 1 Stunde gehen lassen. Früchte zugeben und alles gut vermischen.

Kleine, länglich-ovale Brötchen formen und mit ganzen Mandeln und Nüssen belegen. Auf einem mit Mehl bestreuten Blech eine Nacht ruhen lassen.

Bei 200 °C (Th. 6-7) 30 bis 35 Min. backen.

Inzwischen: Puderzucker, Kirschwasser und etwas warmes Wasser verrühren.

Blech aus dem Ofen nehmen und die Brötchen noch warm damit bestreichen.

Bretzel

40 cl Milch / 20 g Hefe / 500 g Mehl / 60 g Butter / 60 g Zucker / 1/2 Teelöffel Salz.
Zum Bestreichen: *1 Eigelb / 1 Teelöffel Milch.*

Zubereitung: 30 Min.
Backzeit: 30 Min.
Ruhezeit: 1 1/2 Std.

10 Pers.

Vorteig: Die Hälfte der Milch anwärmen und die Hefe darin auflösen. Mehl sieben und in die Mitte eine Mulde drücken. Milch und Hefe zugeben und mit einem Teil des Mehls vom Rand her vermischen. Abdecken und gehen lassen.

Wenn sich der Vorteig verdoppelt hat, den Rest der Milch, zerlassene Butter, Zucker und Salz zugeben. Zu einem glatten, geschmeidigen Teig verkneten. Die Teigkugel abdecken und bei Zimmertemperatur gehen lassen.

Den Teig zu einer 1 m langen Rolle rollen, zur Bretzel formen und auf das Blech legen. Eigelb und Milch verrühren und die Bretzel damit bestreichen. 30 Min gehen lassen. Mit einer Küchenschere Zacken in den Teig schneiden. Bei 150 °C (Th. 5) cm 30 Min. backen.

NIKOLÄUSE ODER MANNALAS

Dieser Teig kann für »Mannalas« verwendet werden. Kleine Stücke aus dem Teig entnehmen und zu kleinen, etwa 2 Finger dicken Würstchen rollen. Den Hals markieren. Mit der Küchenschere oder einem Messer die Beine und Arme einschneiden.

Die Männchen auf das gefettete Backblech legen und 30 Min. gehen lassen. Bei 150 °C (Th. 5) 20 bis 25 Min. backen. Blech aus dem Ofen nehmen und die Männchen mit gezuckerter Milch bestreichen.

Hefezopf

15 cl Milch / 20 g Hefe / 80 g Butter / 500 g Mehl / 100 g Zucker / 2 Eier / 1 Prise Salz.
Zum Bestreichen: *1 Eigelb / 1 Teelöffel Milch.*

Zubereitung: 20 Min.
Backzeit: 30 Min.
Ruhezeit: 1 Std.

8 bis 10 Pers.

Milch anwärmen und die Hefe darin auflösen. Butter zugeben.

Mehl sieben und in die Mitte eine Mulde drücken. Zucker, Salz und Eier zugeben. Mit einem Teil des Mehls vom Rand her vermischen. Milch zugeben. Zu einem glatten, geschmeidigen Teig verkneten, bis er sich vom Rand löst.

Abdecken und bei Zimmertemperatur gehen lassen, bis sich die Teigmasse verdoppelt hat.

Teig in 2 Teile teilen und auf 1 bis 1,20 m Länge rollen. Über Kreuz legen und einen Zopf mit den vier Enden flechten.

Auf ein mit Backpapier ausgelegtes Blech legen, bedecken und 20 bis 30 Min. gehen lassen.

Ei und etwas Milch verrühren und den Zopf bestreichen. Bei 170 °C (Th. 5-6) 25 bis 30 Min. backen.

»Christstolle«

10 g Hefe / 15 cl Milch / 250 g Mehl / 1 Eigelb / 40 g Zucker / geriebene Schale einer halben Zitrone / 80 g Butter / 90 g Mandelblättchen / 60 g Rosinen / 60 g Orangeat / 1 Prise Salz.

Zum Dekorieren: *150 g Butter / Puderzucker.*

OOO XXX Zubereitung: 20 Min. 8 bis 10 Pers.

Backzeit: 40 Min.

Ruhezeit: 2 Std.

Milch anwärmen und die Hefe darin auflösen.

Mehl sieben und in die Mitte eine Mulde drücken. Milch und Hefe zugeben und mit einem Teil des Mehls vom Rand her vermischen. Abdecken und bei Zimmertemperatur gehen lassen.

Eigelb, Salz, Zucker, geriebene Zitronenschale und Butter zugeben. Zu einem glatten Teig verarbeiten. Mandeln, Rosinen und Orangeat zugeben und vermischen. Bei Zimmertemperatur gehen lassen, bis sich die Teigmasse verdoppelt hat.

Für den Christstollen den Teig zu einem etwa 20 x 30 cm großen Rechteck ausrollen. Zu zwei Dritteln zusammenlegen und gehen lassen.

Bei 150 °C (Th. 5) 40 Min. backen.

Aus dem Ofen nehmen und noch warm 2 bis 3 Mal mit zerlassener Butter bestreichen und mit Puderzucker bestreuen.

Abkühlen lassen.

Die besondere Form des Christstollens soll an die Windel erinnern, in die Neugeborene gewickelt werden. Früher wurde der Christstollen nicht vor dem 28. Dezember angeschnitten, und zwar in Erinnerung an die von König Herodes in Bethlehem getöteten Neugeborenen.

Langhopf

100 g Rosinen / 10 cl Kirschwasser / 10 cl Milch / 20 g Hefe / 500 g Mehl / je 1 Messerspitze Nelken, Sternanis und Ingwer / 1 Teelöffel Zimt / 80 g Zucker / 2 Eier / 130 g Butter / 50 g gemahlene Haselnüsse und Mandeln / 50 g gehackte Nüsse / 1 Prise Salz.
Zum Dekorieren: *30 g zerlassene Butter / 50 g Puderzucker / 1 Teelöffel Zimt.*

Zubereitung: 40 Min.
Backzeit: 45 Min.
Ruhezeit: 1 Std.

8 Pers.

Solange der Teig zubereitet wird, die Rosinen im Kirschwasser ziehen lassen.

Milch anwärmen und die Hefe darin auflösen.

Mehl sieben, Gewürze zugeben und in die Mitte eine Mulde drücken. Zucker, Salz, Eier und Milch mit Hefe zugeben. Alles zu einem glatten Teig verkneten. 100 g zerlassene Butter zugeben. Wenn der Teig geschmeidig ist und sich vom Rand löst, Rosinen und Kirschwasser, Haselnüsse, Mandeln und Nüsse zugeben. Abdecken und bei Zimmertemperatur gehen lassen, bis sich die Teigmasse verdoppelt hat.

Backform gut fetten.

Den Teig kurz zu der Länge der Langhopfform kneten und hinein legen.

Gehen lassen, bis der Teig den Rand erreicht.

Im vorgeheizten Backofen bei 180 °C (Th. 6) 40 Min. backen.

Den Langhopf gleich aus der Form lösen und noch warm mit zerlassener Butter bestreichen und in mit Zimt gemischtem Zucker wälzen.

Kougelhopf

75 g Rosinen / 5 cl Kirschwasser / 20 cl Milch / 20 g Hefe / 600 g Mehl / 180 g Butter / 120 g Zucker / 3 Eier / Mandelkerne (1 pro Rippe) / Puderzucker / 1/2 Teelöffel Salz.

8 Pers. Zubereitung: 40 Min.
Backzeit: 45 Min.
Ruhezeit: 3 Std.

Solange der Teig zubereitet wird, die Rosinen im Kirschwasser ziehen lassen.

Die Hälfte der Milch anwärmen und die Hefe darin auflösen.

Mehl sieben und in die Mitte eine Mulde drücken. Milch und Hefe zugeben. Das für einen kleinen Vorteig notwendige Mehl zufügen und kneten. Bei Zimmertemperatur gehen lassen, bis sich die Teigmasse verdoppelt hat.

Die restliche Milch erwärmen und 150 g Butter darin zergehen lassen. In die Mulde gießen. Zucker, Salz, Eier, Rosinen und Kirschwasser zugeben und ca. 10 bis 15 Min. kneten, bis sich der Teig vom Rand löst. Abdecken und den Teig bei Zimmertemperatur gehen lassen, bis er sich verdoppelt hat.

Inzwischen die Backform gut fetten und in jede Rippe je eine Mandel legen.

Den gegangenen Teig kurz schlagen, kneten und die Form zu zwei Dritteln damit füllen.

Erneut gehen lassen, bis er den Rand erreicht.

Im vorgeheizten Backofen bei 180 °C (Th. 6) 45 Min. backen.

Den Kougelhopf gleich aus der Form nehmen und auf einem Kuchendraht auskühlen lassen.

Vor dem Servieren mit Puderzucker bestreuen.

Streuselkuchen

Teig: *10 g Hefe / 15 cl Milch / 300 g Mehl / 60 g Zucker / 1 Ei / 100 g zerlassene Butter / Butter und Mehl für die Form / 1 Prise Salz.*
Streusel: *100 g Mehl / 60 g Zucker / 1 Teelöffel Zimt / 60 g Butter.*
Zum Bestreichen: *1 Eigelb*

Zubereitung: 30 Min.
Backzeit: 30 Min.
Ruhezeit: 2 Std.

10 Pers.

Milch anwärmen und die Hefe darin auflösen.

Mehl, Zucker und Salz vermengen. In die Mitte eine Mulde drücken, Ei, Milch und Hefe zugeben und zu einem glatten Teig kneten. Zerlassene Butter zufügen. Vermengen und zu einem geschmeidigen Teig verkneten. Abdecken und bei Zimmertemperatur gehen lassen, bis sich die Teigmasse verdoppelt hat (ca. 1 Std.)

Streusel: Mehl, Zucker, Zimt und Butter in einer Schüssel vermengen und mit den Fingern zerbröseln. Kühl stellen.

Backform einfetten und mit Mehl ausstreuen.

Den gegangenen Teig auf der bemehlten Arbeitsfläche auf den Durchmesser der Backform ausrollen, in die Form füllen und erneut gehen lassen.

Wenn sich der Teig verdoppelt hat, mit Eigelb bestreichen und die Streusel gleichmäßig darauf verteilen.

Im vorgeheizten Backofen bei 180 °C (Th. 6) 30 Min. backen.

Varianten: Streuselkuchen kann auch mit einem Rest von Kugelhupfteig zubereitet, mit Pudding oder Buttercreme gefüllt werden oder man kann dem Teig in Kirschwasser marinierte Rosinen zugeben.

Osterlamm »Lammala«

Butter und Mehl für die Formen / 110 g Mehl / 6 Eier / 220 g Zucker / Zitronensaft / 70 g Stärkemehl / Puderzucker.

Zubereitung: 20 Min.
Backzeit: 30 Min.

2 mittelgr.
Lammformen

Backformen fetten und mit Mehl ausstreuen.

Eigelb und Zucker schaumig schlagen. Ein paar Tropfen Zitronensaft zugeben. Mehl und Speisestärke darunter mischen.

Eiweiß zu Schnee schlagen und unter den Teig ziehen.

Den Teig in die Formen füllen und bei 150 °C (Th. 5) 30 Min. backen.

Aus dem Ofen nehmen und 5 Min. ruhen lassen. Das Gebäck aus den Formen lösen und auf einem Kuchendraht auskühlen lassen.

Vor dem Servieren mit Puderzucker bestreuen.

Traditionsgemäß wird das Osterlamm in einer Tonform gebacken und bewahrt übernimmt deren zarten Geschmack.

Cake

100 g Butter / 100 g Zucker / 4 Eier / 1 Zitrone / 250 g Mehl / 1 Päck. Backpulver / 10 cl Milch / Butter und Mehl für die Form / 1 Prise Salz.

Zubereitung: 20 Min.
Backzeit: 50 Min.

8 Pers.

Butter und Zucker schaumig schlagen. Eigelb zugeben und zu einer cremig weißen Masse schlagen. Ein wenig geriebene Zitronenschale zugeben. Abwechselnd das mit Salz und Backpulver vermischte Mehl und die Milch, dann den Zitronensaft zugeben. Eiweiß zu Schnee schlagen und vorsichtig unterheben.

Den Teig in die gefettete und mit Mehl ausgestreute Kastenform füllen.

Bei 170 °C (Th. 5-6) ca. 50 Min. backen.

Aus der Form lösen und auf dem Kuchendraht auskühlen lassen.

Haselnusskuchen

4 Eiweiß / 150 g Zucker / 100 g Mehl / 100 g Butter / 100 g gemahlene Haselnüsse / Butter und Mehl für die Form

Zubereitung: 20 Min.
Backzeit: 30 Min.

6 bis 8 Pers.

Eiweiß zu Schnee schlagen. Unter stetigem Schlagen Zucker zufügen. Mehl und leicht zerlassene Butter, dann die gemahlenen Haselnüsse hinzugeben.

Teig in die gefettete und mit Mehl ausgestreute Form füllen.

Bei 120 °C (Th. 4) 30 Min. backen.

Auf einem Kuchendraht auskühlen lassen.

Mandelkuchen

180 g gemahlene Mandeln / 6 Eier / 1 Teelöffel Rum / 150 g Zucker / 75 g Stärkemehl / 50 g Butter / 100 g Zwetschgenmarmelade / Butter und Mehl für die Form.
Für die Glasur: *100 g Puderzucker / 1 Teelöffel Rum*

Zubereitung: 40 Min. 10 Pers.
Backzeit: 45 Min.

Gemahlene Mandeln mit Eiweiß und Rum vermengen.

Eigelb und Zucker schaumig rühren. Die getränkten Mandeln, dann Stärkemehl und zerlassene Butter zugeben.

Eiweiß zu Schnee schlagen und unterheben.

In die gefettete und mit Mehl ausgestreute Form füllen. Bei 150 °C (Th. 5) 45 Min. backen.

Aus der Form lösen und auf dem Kuchendraht auskühlen lassen.

In 2 Scheiben schneiden. Die untere mit Marmelade bestreichen und die andere Scheibe darauf legen. Puderzucker in Rum und 2 Esslöffel warmem Wasser auflösen. Den Kuchen damit glasieren.

ZWETSCHGENMARMELADE

1 kg Zwetschgen / 1 kg Kristallzucker / 1 Zimtschote / 1 Sternanis

Zwetschgen ensteinen und mit Zucker vermischen.

In einem Topf unter stetigem Rühren kochen. Wenn sich Saft gebildet hat, Zimt und Anis zugeben. 20 bis 30 Min. einkochen lassen. Wenn notwendig den Schaum abschöpfen. Die Marmelade verdickt sich. Zur Kontrolle einige Tropfen auf einen Teller geben und abkühlen lassen. Die Marmelade ist fertig, wenn sie bei schräg gehaltenem Teller nicht verfließt. Zimt und Anis herausnehmen und in Gläser abfüllen.

Schokoladekranz

180 g Butter / 180 g Zucker / 1 Päck. Vanillezucker / 4 Eier / 100 g geriebene Schokolade / 50 g gemahlene Mandeln / 100 g Mehl / 1 Backpulver / 3 Esslöffel Schokoladepulver / 3 Teelöffel Milch / Mandelblättchen (nach Belieben).

Zubereitung: 20 Min. 8 Pers.
Backzeit: 40 Min.

Butter, Zucker und Vanillezucker schaumig rühren. Eier, eins nach dem anderen, zugeben. Geriebene Schokolade, Mandeln, mit Backpulver vermischtes Mehl und Schokoladepulver zugeben. Nach und nach Milch zugeben, bis der Teig sich vom Kochlöffel löst. Backform einfetten, mit Mehl ausstreuen, Mandelblättchen auf dem Boden verteilen und den Teig einfüllen. Bei 150 °C (Th. 5) 40 Min. backen.

Rehrücken

6 Eier / 125 g Zucker / 100 g Schokolade / 50 g Mehl / 1 Teelöffel Zimt / 125 g gemahlene Mandeln / gegrillte Mandelblättchen.
Glasur: *100 g Schokolade / 75 g Puderzucker.*

Zubereitung: 30 Min. 8 Pers.
Backzeit: 40 Min.

1 Ei (Eiweiß für Schnee aufbewahren), 5 Eigelb und Zucker schaumig rühren. Geriebene Schokolade zugeben. Mehl, Zimt und Mandeln darunter mischen. Eiweiß zu Schnee schlagen und unter den Teig heben.

In eine gefettete spezielle Backform (Rehrücken) oder Langhopfform füllen. Bei 160 °C (Th. 5-6) 40 Min. backen.

Aus der Form lösen und auf einem Kuchendraht auskühlen.

Inzwischen für die Glasur geriebene Schokolade, Zucker und 10 cl Wasser unter stetigem Rühren erhitzen, bis eine dicke Masse erreicht wird. Den Kuchen damit bestreichen und mit gerösteten Mandelblättchen verzieren.

Gewürzkuchen

80 g Schokolade / 2 Tropfen Kaffeeextrakt / 6 Eier / 180 g Rohrzucker / 100 g Mehl / 1/2 Teelöffel Zimt / 1 Messerspitze Nelken / 1 Prise weißer Pfeffer / etwas geriebene Muskatnuss / Butter und Mehl für die Form / 1 Prise Salz.
Glasur: *10 cl flüssige Sahne / 150 g Blockschokolade.*

Zubereitung: 30 Min. 8 Pers.
Backzeit: 45 Min.

Schokolade im warmen Wasserbad auflösen. Kafee-extrakt zufügen. Eigelb und Zucker schaumig rühren. Schokolade zugeben. Mit Gewürzen vermischtes Mehl hinzufügen. Eiweiß mit Salz zu Schnee schlagen und unterheben.

Teig in die gefettete und mit Mehl ausgestreute Form füllen und sofort in den vorgeheizten Backofen schieben. Bei 160 °C (Th. 5-6) 45 Min. backen. Aus dem Ofen nehmen und kurz ruhen lassen. Aus der Form lösen und auf dem Kuchendraht auskühlen lassen.

Wahlweise können Sie den Kuchen waagerecht in zwei Scheiben schneiden und füllen.

Glasur: Sahne erhitzen. Wenn die ersten Bläschen erscheinen, die Blockschokolade zugeben und zu einer cremigen Masse verrühren. Abkühlen lassen und den Kuchen damit bestreichen.

CRÈME PÂTISSIÈRE

25 cl Milch / 2 Eigelb / 70 g Zucker / 25 g Mehl / 120 g Butter / 1 Teelöffel Kirschwasser.

Milch erwärmen.

Eigelb und Zucker schaumig rühren. Mehl zufügen und mit kochender Milch verrühren. Die Masse unter stetigem Rühren mit dem Schneebesen aufkochen. Wenn sie eindickt, vom Feuer nehmen und unter stetigem Rühren abkühlen lassen. Butter unterrühren, bis die Masse vollends abgekühlt ist. Mit Kirschwasser abschmecken.

Bienenstich

Belag: *5 cl Milch / 80 g Butter / 120 g Zucker / 60 g gehackte Walnüsse / 60 g gemahlene Haselnüsse.*
Teig: *70 g Butter / 100 g Zucker / 1 Päck. Vanillezucker / 1 Ei / 200 g Mehl / 1/2 Päck. Backpulver / 1 Teelöffel Kirschwasser / 10 cl Milch / Butter und Mehl für die Form.*

Zubereitung: 30 Min.
Backzeit: 30 Min.

Springform, Durchm. 24 oder 26 cm

Belag: Milch erhitzen und Butter und Zucker darin auflösen. Aufkochen lassen, vom Feuer nehmen, Nüsse und Haselnüsse zugeben, verrühren und abkühlen lassen.

Inzwischen zerlassene Butter, Zucker und Vanillezucker verrühren. Das Ei zugeben und verrühren. Mit Backpulver vermischtes Mehl, Kirschwasser und Milch zugeben.

Den Teig in die gefettete und mit Mehl ausgestreute Form füllen und den Belag darauf verteilen.

Bei 150 °C (Th. 5) 25 bis 30 Min. backen.

Bienenstich kann mit Crème pâtissière gefüllt werden.

Biskuittorte

Teig: *8 Eier / 300 g Zucker / einige Tropfen Zitronensaft / 270 g Mehl / 20 g Butter.*
Buttercreme: *250 g Zucker / 2 Eier / 325 g Butter / Aromen (Vanilleextrakt, Kaffeeextrakt, Kirschextrakt oder 60 g Schokolade).*
Glasur und Verzierung: *150 g Puderzucker / 1 Teelöffel Kirschwasser / Schokoladeraspeln.*
Butter und Mehl für die Form.

Zubereitung: 2 Std. 12 Pers.
Backzeit: 45 Min.
Ruhezeit: 12 Std.

Biskuitteig: Eigelb und Zucker schaumig rühren. Zitronensaft und 250 g Mehl zugeben. Eiweiß zu Schnee schlagen und unterheben. Springform (26 cm Durchm.) einfetten und mit Mehl ausstreuen. Teig einfüllen und sofort in dem auf 160 °C (Th. 5-6) vorgeheizten Backofen 45 Min. backen.

Aus der Form lösen und auf einem Kuchendraht auskühlen.

Buttercreme: 10 cl Wasser und Zucker aufkochen, bis sich die Masse ballt. Zur Kontrolle einen Löffel in kaltes Wasser, dann in den Sirup und erneut in kaltes Wasser tauchen. Die Konsistenz des Zuckers auf dem Löffel muss es ermöglichen, eine kleine Kugel zu formen.

Eier leicht schlagen, den gekochten Zucker darauf gießen und kräftig schlagen. Die Masse dickt ein und wird beim Abkühlen weiß. Wenn sie ganz abgekühlt ist, zerlassene Butter unterrühren. Die Hälfte der Masse mit Vanillecreme und die andere Hälfte mit zerlassener Schokolade vermischen.

Den Biskuitboden in drei Scheiben schneiden. Auf der ersten Scheibe 4-5 Löffel Vanillecreme verteilen. Die zweite Scheibe darauf legen, mit Schokoladecreme bestreichen und die letzte Scheibe darauf legen.

Glasur: Puderzucker mit Kirschwasser und etwas warmem Wasser verrühren. Gleichmäßig auf der gesamten Oberfläche und den Rändern verteilen Mit geraspelter Schokolade verzieren. Die Oberfläche mit einem Spritzbeutel verzieren. Kühl stellen.

Kirschtorte

Meringenscheiben: *4 Eiweiß / 150 g Zucker / 100 g gemahlene Mandeln.*
Biskuit: *5 Eier / 125 g Zucker / 125 g Mehl / 1/2 Päck. Backpulver.*
Sirup: *3 Teelöffel Zucker / 5 cl Kirschwasser.*
Buttercreme: *4 Eigelb / 150 g Zucker / 50 g Mehl / 50 cl Milch mit Vanillegeschmack / 250 g Butter / 1 Teelöffel Kirschwasser.*
Verzierung: *100 g gegrillte Mandelblättchen / Puderzucker.*

Zubereitung: 1 Std. 30 Min. 10 Pers.
Backzeit: 1 Std. 10 Min.

Für die Meringenscheiben Eiweiß zu sehr steifem Schnee schlagen. Zucker unter stetigem Schlagen zufügen. Mandeln zugeben. Mit dem Spritzbeutel 2 Scheiben mit je 26 cm Durchm. spritzen. Bei 90 °C (Th. 3-4) 20 Min. backen. Abkühlen lassen.

Biskuitteig: Eigelb mit Zucker schaumig rühren. Mit Backpulver vermischtes Mehl zugeben. Eiweiß zu Schnee schlagen und unterheben. Teig in eine gefettete und mit Mehl ausgestreute Springform (26 cm Durchmesser) füllen. Bei 140 °C (Th. 4-5) 50 Min. backen. Auf einem Kuchendraht abkühlen lassen.

Sirup: 50 cl Wasser und Zucker aufkochen. Vom Feuer nehmen, Kirschwasser zugeben und abkühlen lassen.

Creme: Eigelb und Zucker schaumig rühren. Mehl zugeben und mit kochend heißer Milch verrühren. Unter stetigem Rühren kochen lassen. Vom Feuer nehmen, Butter zufügen und mit dem Schneebesen verrühren, bis die Masse kalt ist. Mit Kirschwasser aromatisieren.

Eine Meringenscheibe auf den Kuchenteller legen und komplett mit Buttercreme bestreichen. Biskuit darauf legen und gleichmäßig mit Sirup beträufeln. Die zweite Meringenscheibe mit Buttercreme bestreichen und diese Seite auf den Biskuit legen. Die ganze Torte mit Buttercreme bestreichen und die Ränder mit Mandelsplittern verzieren. Die Oberseite mit Puderzucker bestreuen und mit dem Messer Rauten ziehen.

Kühl servieren.

Die Meringenscheiben und der Biskuit können am Vortag zubereitet werden.

Apfelkuchen

Teig: *200 g Mehl / 20 g Zucker / 1 Ei / 100 g Butter / 1 Prise Salz.*
Belag: *5 Äpfel / 20 cl Crème fraîche / 1 Ei / 20 g Zucker.*
Butter und Mehl für die Form.

Zubereitung: 30 Min.
Backzeit: 30 Min.
Ruhezeit: 30 Min.

8 Pers.

Mehl sieben und in die Mitte eine Mulde drücken. Zucker, Salz und Eier zugeben. Mit einer Gabel einen Teil des Mehls vom Rand her vermischen. Butterstückchen zufügen. Das restliche Mehl mit den Fingern unterkneten, dabei 5 cl Wasser zufügen. Wenn der Teig geschmeidig ist, 30 Min. ruhen lassen.

Inzwischen die Äpfel schälen und in Scheiben schneiden.

Teig ausrollen und in die gefettete und mit Mehl ausgestreute Form legen. Mit einer Gabel mehrmals in den Teigboden stechen. Die Apfelscheiben schneckenförmig darauf legen.

Crème fraîche, Ei und Zucker schaumig rühren und auf den Äpfeln verteilen.

Bei 180 °C (Th. 6) 30 Min. backen.

Aus dem Ofen nehmen, aus der Form lösen und auf einem Kuchendraht auskühlen lassen.

Variante: Bevor man die Äpfel auf den Teig legt, kann man diesen mit Apfelmus bestreichen. In diesem Falle die Äpfel nicht mit Crème bedecken.

Man kann die Äpfel auch mit Zimt bestreuen.

Zwetschgenkuchen

10 cl Milch / 15 g Hefe / 120 g Butter / 250 g Mehl / 1 Ei / 1 kg Zwetschgen / Butter und Mehl für die Form / 50 g Zucker / 1 Teelöffel Zimt / 1 Prise Salz.

Zubereitung: 30 Min. 8 Pers.
Backzeit: 40 Min.
Ruhezeit: 45 Min.

Milch anwärmen und die Hefe darin auflösen. Butterstückchen zugeben und darin auflösen.

Gesiebtes Mehl in eine Schüssel geben und in der Mitte eine Mulde formen. Ei und Salz zugeben und mit einer Gabel und einem Teil des Mehls mischen. Milch, Hefe und Butter zugeben und mit dem restlichen Mehl verarbeiten, bis sich der Teig vom Schüsselrand löst.

Bedecken und 30 bis 45 Min. bei Zimmertemperatur gehen lassen.

Inzwischen die Zwetschgen entsteinen.

Wenn sich die Teigmasse verdoppelt hat, diese in die gefettete und mit Mehl ausgestreute Form legen. Die Zwetschgen mit der offenen Seite nach oben schneckenförmig dicht nebeneinander legen.

Bei 170 °C (Th. 5-6) 40 Min. backen.

Aus dem Ofen nehmen, mit Zimt bestreuen und auf einem Kuchendraht auskühlen lassen.

Rhabarberkuchen

Teig: *200 g Mehl / 2 Teelöffel Zucker / 1 Eigelb / 100 g Butter / 1 Prise Salz.*
Belag: *1 kg Rhabarber / 20 cl Crème fraîche / 1 Eigelb / 50 g Zucker.*
Meringe: *2 Eiweiß / 125 g Puderzucker.*
Zum Bestreuen: *2 Teelöffel Puderzucker / 1 Messerspitze Zimt.*

8 Pers. Zubereitung: 30 Min.
Backzeit: 40 Min.
Ruhezeit: 30 Min.

Mehl sieben und in die Mitte eine Mulde drücken. Zucker, Salz, 2 Esslöffel Wasser und Eigelb zufügen. Mit einem Teil des Mehls verkneten. Butterstückchen zufügen und alles gut verkneten. 30 Min. ruhen lassen.

Teig ausrollen und in die gefettete und mit Mehl ausgestreute Form legen. Mit einer Gabel mehrmals in den Teigboden stechen. Die Rhabarberstückchen darauf verteilen. Crème fraîche, Eigelb und Zucker schaumig rühren und auf dem Rhabarber verteilen. Bei 170 °C (Th. 5-6) 30 Min. backen.

Eiweiß zu Schnee schlagen. Zucker zufügen und weiter schlagen. Die Masse in einen Spritzbeutel füllen.

Kuchen aus dem Ofen nehmen. Mit Zimt vermischten Zucker darauf streuen. Mit Eischnee verzieren und etwa 10 Min. backen, bis die Meringe sich verfärbt.

Nusstorte

Teig: *100 g Zucker / 1 Ei / 200 g Mehl / 100 g Butter / 1 Prise Salz.*
Belag: *300 g gemahlene Nüsse / 200 g Zucker / 1 Teelöffel Zimt / 25 cl Crème fraîche.*
Verzierung: *Puderzucker / Nüsse.*
Butter und Mehl für die Form.

Zubereitung: 25 Min. 8 Pers.
Backzeit: 40 Min.
Ruhezeit: 30 Min.

Zucker, Salz und Ei einige Minuten lang verrühren. Das gesamte Mehl zugeben und verrühren. Butter zugeben und mit den Fingern verkneten. Die Teigkugel 30 Min. kühl ruhen lassen.

Teig etwa 5 mm dick ausrollen und in die gefettete und mit Mehl ausgestreute Form legen.

Nüsse, Zucker und Zimt vermischen. Crème fraîche zugeben, bis die Masse geschmeidig wird. Auf dem Teig verteilen.

Bei 160 °C (Th. 5-6) 40 Min. backen.

Mit Puderzucker und Nüssen verzieren.

Linzer Torte

500 g Mehl / 1 Teelöffel Backpulver / 250 g gemahlene Mandeln / geriebene Zitronenschale / 240 g Zucker / 1 Teelöffel Kakao / 1 Esslöffel Zimt / gemahlene Nelke / 3 Eier / 200 g Butter / 700 g Himbeermarmelade / 1 Prise Salz.
Zum Bestreichen: *1 Eigelb / 1 Teelöffel Milch.*

2 Linzer Torten

Zubereitung: 1 Std.
Backzeit: 30 Min.
Ruhezeit: 2 Std.

Gesiebtes Mehl mit Backpulver, Mandeln, geriebener Zitronenschale, Salz, Zucker, Kakao und Gewürzen vermischen. Eine Mulde in die Mitte drücken. Eier zugeben und mit einem Teil der Mischung vermengen. Butterstückchen zugeben und verkneten.

Eine Kugel formen und 2 Std. kühl ruhen lassen.

Den Teig in 2 Teile teilen und 5 bis 6 mm dick ausrollen. Eine Scheibe mit 26 cm Durchm. ausschneiden und auf Backpapier legen. Eigelb mit Milch verquirlen und den Rand damit bestreichen. Eine kleine Teigrolle (ca. 1 cm Durchmesser) formen, auf den Rand legen und andrücken.

Die Marmelade gleichmäßig auf dem Teig verteilen. Den Rand mit dem verquirlten Eigelb bestreichen.

Aus dem restlichen Teig Streifen schneiden und überkreuzt auf die Marmelade legen und mit Eigelb bestreichen. Anstatt Streifen können Sie auch kleine Blättchen aus dem Teig schneiden.

Bei 170 °C (Th. 5-6) 30 Min. backen.

Auf einem Kuchendraht auskühlen lassen.

Käsekuchen

Teig: *250 g Mehl / 125 g Zucker / 2 Eier / 125 g Butter / 1 Prise Salz.*
Belag: *750 g Schichtkäse oder Quark / 2 Eier / 100 g Zucker / 1 Päck. Vanillezucker / 35 g Mehl.*
Nach Belieben: *150 g Rosinen, mit 1 oder 2 Esslöffel Kirschwasser gemischt.*
Puderzucker / Butter und Mehl für die Form.

Zubereitung: 40 Min. 8 Pers.
Backzeit: 1 Std.

Teig: Mehl sieben und in die Mitte eine Mulde drücken. Zucker, Salz und Eier zugeben. Mit einem Teil des Mehls vom Rand her vermischen. Butterstückchen zugeben und zu einem glatten Teig verkneten.

Teig ausrollen und in die gefettete und mit Mehl ausgestreute Form legen. Mit einer Gabel mehrmals in den Teigboden stechen. Kühl stellen.

Käse, Eigelb, Zucker und Mehl verrühren.

Eiweiß zu Schnee schlagen und darunter heben. Nach Wunsch Rosinen zugeben.

Diese Masse gleichmäßig auf dem Teig verteilen und 1 Std. bei 180 °C (Th. 6). backen. Wenn die Oberfläche zu schnell bräunt, mit Alufolie abdecken.

Aus dem Ofen nehmen, auf einen Kuchendraht stürzen und auskühlen lassen.

Mit Puderzucker bestreuen.

Cremetorte

Belag: *50 g Rosinen / 1 Teelöffel Kirschwasser (nach Belieben) / 4 Eier / 150 g Zucker / 1/2 l Crème fraîche / 100 g gemahlene Mandeln.*
Teig: *100 g Zucker / 1 Ei / 200 g Mehl / 100 g Butter / Butter und Mehl für die Form / 1 Prise Salz.*

8 Pers. Zubereitung: 40 Min.
Backzeit: 40 Min.
Ruhezeit: 30 Min.

Rosinen in Kirschwasser einweichen.

Teig: Zucker, Salz und Ei einige Minuten rühren. Mehl zugeben und vermischen. Butter zugeben und gut kneten. Die Teigkugel 30 Min. kühl ruhen lassen.

Eier, Zucker und Crème fraîche erwärmen und verrühren. Rosinen und Mandeln zufügen. Vom Feuer nehmen und abkühlen lassen.

Teig ausrollen und in die gefettete und mit Mehl ausgestreute Form legen. Belag gleichmäßig darauf verteilen und bei 150 °C (Th. 5) 40 Min. backen.

Lebkuchen

250 g Honig / 100 g Zucker / 250 g Mehl / 70 g gemahlene Mandeln / 1 Teelöffel Backpulver / 1 Teelöffel Zimt / Muskat / 1 Messerspitze Ingwer / 1 Prise Anispulver / 1 Ei / 1 Teelöffel zerlassene Butter / 1 Teelöffel Kirschwasser / 60 g Orangeat / 60 g Zitronat.
Glasur: *100 g Schokolade oder 100 g Puderzucker / 1/2 Teelöffel Kirschwasser.*

Zubereitung: 30 Min.
Backzeit: 15 Min.
Ruhezeit: 6 Std.

Ca. 30 Stücke

Honig und Zucker bei schwacher Hitze auflösen. Vom Feuer nehmen.

Mehl, Mandeln, Backpulver und Gewürze vermischen. Eine Mulde in die Mitte drücken. Ei und zerlassene Butter zugeben und mit etwas Mehl vermengen. Honig, Kirschwasser, Orangeat und Zitronat zugeben und zu einer Teigkugel verkneten. Den Teig 8 bis 10 mm dick ausrollen und eine Nacht auf einem mit Backpapier ausgelegten Blech ruhen lassen. Bei 150 °C (Th. 5) 15 Min. backen.

Aus dem Ofen nehmen und Rechtecke von ca. 1,5 x 3 cm schneiden.

Mit zerlassener Schokolade oder mit in Kirschwasser oder warmem Wasser aufgelöstem Puderzucker bestreichen.

Anisplätzchen

250 g Zucker / 3 Eier / 15 g Aniskörner / 250 g Mehl.

Zubereitung: 40 Min. 500 g
Backzeit: 10 Min.
Ruhezeit: 12 Std.

Zucker und Eier etwa 20 bis 30 Min. schaumig rühren.

Anis zugeben und dann mit Mehl verrühren.

Mit dem Spritzbeutel auf einem mit Backpapier ausgelegten Blech kleine, glatte Plätzchen formen. 12 Std. trocknen lassen.

Bei 150 °C (Th. 5) 8 bis 10 Min. backen.

Die Plätzchen müssen oben eine weiße glatte Kruste haben und unten goldgelb sein.

Butterplätzchen »Butterbredla«

250 g Mehl / 125 g Zucker / 5 Eigelb / 125 g Butter / 1 Teelöffel Milch.

Zubereitung: 20 Min. 500 g
Ruhezeit: 2 Std.
Backzeit: 6 bis 8 Min./Blech

Mehl sieben und in die Mitte eine Mulde drücken. Zucker und 4 Eigelb zugeben und mit einem Teil des Mehls vermischen. Butterstückchen zugeben und schnell zu einem glatten Teig verkneten.

Kühl ruhen lassen.

Teig 3 bis 4 mm dick ausrollen und verschiedene Formen ausstechen. Auf ein mit Backpapier ausgelegtes Blech legen. Eigelb mit Milch verquirlen und den Teig damit bestreichen.

Bei 140 °C (Th. 4-5) 6 bis 8 Min. backen.

Schwowebredla

250 g Mehl / 1 Teelöffel Backpulver / 60 g gemahlene Mandeln / 60 g gemahlene Nüsse / 10 g Zimt / 125 g Zucker / 1 Ei / 1 Teelöffel Kirschwasser / 120 g Butter / ein wenig geriebene Zitronenschale / 20 g klein gehacktes Orangeat.

Zum Bestreichen: *1 mit einem Teelöffel Milch verquirltes Eigelb.*

Zubereitung: 30 Min. — 600 g
Backzeit: 10 Min./Blech
Ruhezeit: 12 Std.

Mehl sieben, mit Backpulver, Mandeln, Nüssen und Zimt vermischen. Eine Mulde in die Mitte drücken, Zucker, Ei, Kirschwasser, Butterstückchen, geriebene Zitronenschale und Orangeat zugeben. Mit Mehl bedecken und alles zu einem geschmeidigen Teig kneten. Eine Nacht ruhen lassen.

Teig 4 cm dick ausrollen und verschiedene Formen ausstechen. Auf ein mit Backpapier ausgelegtes Blech legen.

Mit dem verquirlten Ei bestreichen und 8 bis 10 Min. bei 150 °C (Th. 5) backen.

Letzenberg-Plätezchen

80 g gemahlene Mandeln / 5 cl Tokaier Pinot Gris + 2 Esslöffel zum Bestreichen / 150 g Mehl / 1 Teelöffel Backpulver / 50 g Zucker / 50 g brauner Zucker / 60 g Butter.

Zubereitung: 20 Min. — 400 g
Backzeit: 8 Min./Blech
Ruhezeit: 1 Std.

Gemahlene Mandeln mit Tokaier Pinot Gris tränken.

Mehl mit Backpulver sieben. Eine Mulde in die Mitte drücken. Zucker, braunen Zucker und Mandeln zugeben und vermischen. Butterstückchen zugeben, mit Mehl bedecken und schnell zu einem glatten Teig kneten. 1 Std. kühl ruhen lassen.

Teig 5 mm dick ausrollen und verschiedene Formen ausstechen. Mit Tokaier Pinot Gris bestreichen.

Bei 150 °C (Th. 5) 8 Min. backen.

Auf einem Kuchendraht auskühlen lassen.

Spritzbredele

1 Ei / 125 g Zucker / 250 g Mehl / 1/2 Teelöffel Backpulver / 60 g gemahlene Mandeln oder Haselnüsse / 125 g Butter.

Zubereitung: 30 Min.
Backzeit: 10 Min./Blech
Ruhezeit: 1 Std.

500 g

Ei und Zucker schaumig rühren.

Mehl mit Backpulver sieben und mit den gemahlenen Mandeln vermischen. Auf Zimmertemperatur erwärmte Butter zugeben und von Hand zu einer »sandigen« Masse kneten. Mit dem Eierschaum zu einem glatten Teig verarbeiten.

1 Std. ruhen lassen.

Teig in den Spritzbeutel füllen. Ein Blech mit Backpapier auslegen und etwa einen Finger lange Stäbchen spitzen.

Bei 170 °C (Th. 5-6) 8 bis 10 Min. backen.

Man kann auch Kringel oder »S« spritzen

Variante: Man kann die 60 g Mandeln auch durch 60 g mehr Mehl ersetzen und 1 Päckchen Vanillezucker zugeben. Die anderen Zutaten bleiben gleich.

Orangenplätzchen

80 g gemahlene Mandeln / 2 Esslöffel Orangenwasser / 250 g Mehl / 1/2 Päck. Backpulver / 100 g Zucker / 1 Ei / 100 g Butter.
Zum Bestreichen: *1 Eigelb / 1 Teelöffel Milch.*

400 g

Zubereitung: 30 Min.
Backzeit: 10 Min.
Ruhezeit: 1 Std.

Gemahlene Mandeln mit Orangenwasser tränken.

Mehl mit Backpulver sieben, eine Mulde in die Mitte drücken. Zucker und Ei zugeben und vermischen. Butterstückchen, Mandeln hinzufügen und von Hand kneten. 1 Std. ruhen lassen.

Teig 5 mm dick ausrollen und verschiedene Formen ausstechen. Auf ein gefettetes Blech legen. Ei und Milch verquirlen und den Teig damit bestreichen.

Bei 150 °C (Th. 5) 10 Min. backen.

INHALTSVERZEICHNIS

egenüberliegende Seite: Zeichnung »HANSI«. Auszug aus »Mon village«, usgabe 1913
it freundlicher Genehmigung des Musée HANSI - Riquewihr.

Dépôt légal 2e trim. 2006 n° 3 160

Imprimé en U.E.